L'ALMANACH DES 25,000 ADRESSES,

COMÉDIE-VAUDEVILLE EN TROIS ACTES,

PAR MM. FERD. DE VILLENEUVE ET ÉDOUARD LAFARGUE,

Représentée pour la première fois, à Paris, sur le théâtre du Palais-Royal, le 31 Août 1845.

PERSONNAGES.	ACTEURS.
ALEXANDRE LEGRAND	M. Grassot.
MICHEL LEFEBVRE, marchand retiré	M. Sainville.
CHRISTOPHE LEFEBVRE, rentier	M. Kalkaire.
ERNEST, jeune peintre	M. Berger.
HECTOR DIDIER, sculpteur en statuettes	M. Lacourièret.
COQUEREL, } leurs amis	M. Lemeunier.
BENARD, } leurs amis	M. Ferdinand.
PINCHENET, portier	M. Lheritier.
AGATHE, sœur de Christophe	Mme. Moutin.
MADAME LEFEBVRE, femme de Michel	Mme. Grassot.
HENRIETTE, fille de Michel	Mlle. Azimon.
JEANNETTE, domestique de Michel	Mlle. Durand.
ETIENNE, garçon restaurateur	M. Dubleix.

La scène se passe, au premier acte, chez Philippe, restaurateur, rue Montorgeuil;
Au deuxième acte, dans la cour de la maison de Christophe Lefebvre;
Au troisième acte, chez Michel Lefebvre.

PREMIER ACTE.

Un petit salon de restaurateur. — Portes au fond, portes latérales. — Tables et chaises à droite et à gauche. — Une cheminée, premier plan à droite.

SCENE PREMIERE.

DIDIER, ERNEST, COQUEREL, BÉNARD, ÉTIENNE.

Ce dernier est en scène au lever du rideau et prépare le couvert. Les autres personnages entrent par le fond. (1)

CHŒUR.

Air : *Eté du quadrille de la Péri. (Musard.)*

Au pomard, au médoc, au champagne
Que chacun fasse ici bon accueil;
Aujourd'hui, le pays de Cocagne,
Se retrouve au quartier Montorgeuil.

DIDIER.

A présent les cabarets
Pour la foule ont des attraits,
On y trouve toujours prêts
Coquillage, et poisson frais...
Là, plus d'un couple discret
Que le grand monde effraierait
Vient arroser, en secret,
Le plaisir de vin clairet.

CHŒUR.

Au pomard, au médoc, etc.

DIDIER.

Garçon!

ÉTIENNE.

Voilà, voilà!

DIDIER.

Un cabinet, où l'on puisse rire, manger des huîtres et dire des bêtises à discrétion.

(1) C. Er. D. B. *Etienne* 2e *plan.*

ÉTIENNE.

Un cabinet... impossible, Messieurs, ils sont tous retenus.

DIDIER.

Déjà! c'est prodigieux! entre cinq et six heures, tous les cabinets particuliers de la rue Montorgueil sont comme les omnibus du boulevart... complets!

COQUEREL.

Qu'importe, si les huîtres sont bonnes... elles se laisseront manger aussi bien ici qu'ailleurs.

DIDIER.

Garçon!.. cette table servie dans vingt minutes; et, comme c'est moi qui régale, j'entends que le festin soit superlificocantiel!

ERNEST.

Ah! ça, mon cher Didier, il t'est donc tombé du ciel un héritage?.. ordinairement, tu payes ta part, mais, c'est en charges... il est vrai qu'en ta qualité de sculpteur en statuettes, la charge c'est ton état... non content de faire poser tes modèles, tu as pris l'habitude de faire poser toutes les têtes, avec ou sans cheveux, qui te tombent sous la main.

DIDIER.

C'est dans l'intérêt de l'art, Messieurs, c'est pour conserver les anciennes traditions parisiennes, qui se perdent tous les jours... tandis que vous pleurez la vieille gaîté française, méchamment mise à mort par la spéculation et la finance, moi, mes amis, je cherche à la ressusciter.

ERNEST.

Tu ferais mieux d'acquitter tes lettres de change qui courent le monde.

DIDIER.

Cette funeste idée m'est venue un instant, mais, j'ai réfléchi... ce sont des autographes précieux dont je ne veux pas priver les amateurs qui les conservent.

ERNEST.

Et puis, la liste de tes créanciers est si longue qu'elle tiendrait à peine dans le format du *Times*!

DIDIER.

C'est vrai... (*jetant un coup-d'œil sur l'almanach des 25,000 adresses qui est sur la cheminée à droite*) tiens, je gage que tu n'ouvres pas une page de cet almanach des 25,000 adresses, sans y trouver le nom d'un de mes anglais. (*Il va prendre l'almanach.*)

Air : *vaudeville du Piège.*

Ouvrage antique, in-quarto vertueux,
Honneur vivant de la littérature,
Tu n'as jamais, pour tes lecteurs nombreux,
Distillé le fiel ou l'injure!
Livre instructif, guide-âne des huissiers,
(*L'ouvrant.*)
Dans tes feuillets je découvre sans peine,
L'adresse de mes créanciers...
Mais c'est en vain qu'ils y cherchent la mienne.

ÉTIENNE.

Quatre couverts, n'est-ce pas, messieurs?

ERNEST.

Trois seulement, car, aujourd'hui, je ne serai pas des vôtres.

DIDIER.

Comment, tu nous quittes?

ERNEST.

Oui, mon ami, je ne vous ai accompagnés jusqu'ici que pour vous souhaiter bon appétit.

DIDIER.

Messieurs, Ernest se range, il est amoureux!

COQUEREL et BÉNARD.

Il est amoureux!

ERNEST.

Eh bien! oui... avec vous, mes camarades d'atelier, je veux bien en convenir... je me range, je renonce à Satan, je renonce provisoirement à votre intimité, qui m'a déjà été si funeste!

DIDIER.

Eh bien! c'est flatteur!

ERNEST.

Fais donc l'étonné!... ne m'as-tu pas fait une ennemie mortelle de madame Chapotot, ma vénérable portière?

DIDIER.

Cette femme aimait les chats blancs... j'ai fait du sien un chat noir indélébile... bah! j'étais gris ce jour-là!

ERNEST.

Mais, comme en fait de mariage, l'influence du portier pèse de tout son poids dans notre civilisation moderne, j'ai jugé plus prudent de déménager, et de transporter mes lares ailleurs... j'entre aujourd'hui dans mon nouveau domicile.

DIDIER.

Vrai? je retiens ton nouveau portier.

ERNEST.

Oh! avec celui-là, je n'ai rien à craindre... il te connaît, il a été exposé plus d'une fois à ce que tu appelles tes carambolages, et il y est fait... c'est le père Pinchenet.

COQUEREL.

Notre ancien portier de l'atelier!

ERNEST.

Lui-même.

DIDIER.

Qui a posé pour ma statue de Bélisaire?..

BÉNARD.

Oui... et à qui tu faisais fermer les yeux, pour mieux embrasser sa fille.

DIDIER.

Naïs... c'est vrai... excellent homme!.. plus excellente fille!.. Tu as raison, tu peux compter sur lui; mais à propos, où en sont tes amours?

ERNEST.

La jeune personne me voit d'assez bon œil;

Sous presse : 2e édition de LA POLKA EN PROVINCE.

THÉATRE DU PALAIS-ROYAL.

L'ALMANACH DES 25,000 ADRESSES,

COMÉDIE-VAUDEVILLE EN TROIS ACTES,

PAR MM. FERDINAND DE VILLENEUVE ET ÉDOUARD LAFARGUE,

Représentée pour la première fois, à Paris, sur le théâtre du Palais-Royal, le 31 Août 1845.

Prix : 60 centimes.

PARIS,
BECK, ÉDITEUR,
RUE GIT-LE-COEUR, 12.
TRESSE, successeur de J.-N. BARBA, Palais-Royal.

1845.

manque les pages 3—14

LEGRAND.

Monsieur, je viens de la part de mon oncle...

CHRISTOPHE.

Il était anglais... de la race du roi Charles.

LEGRAND, *impatienté*.

Qui ça, mon oncle ?

CHRISTOPHE.

Oui, Monsieur, il avait des oreilles longues comme ça.

LEGRAND.

Ah ! ça, de qui parlons-nous? (*Lui criant dans l'oreille.*) Monsieur, est-ce que vous seriez sourd ?

CHRISTOPHE.

Non, Monsieur, non Monsieur... il prenait du café avec nous tous les matins... la pauvre bête !.. de qui tenez-vous ces détails-là ?

LEGRAND, *en face de lui.*

Ah ! tu es sourd, et tu ne m'en préviens pas?.. attends, attends !.. respectable vieillard.. depuis une demi-heure que nous causons ensemble, vous abusez de votre titre de beau-père et de votre qualité de sourd pour me dire des stupidités...

CHRISTOPHE.

Ah ! c'est bien vrai !

LEGRAND.

Oui, oui... c'est convenu... mais comme vous n'entendez pas ce que je dis, je vais prendre ma revanche...

CHRISTOPHE.

Pauvre bête !

LEGRAND, *saluant gracieusement.*

Apprenez donc, homme laid, que je viens ici, par ordre de mon oncle pour épouser votre fille qui a l'air de n'être ni plus jeune, ni plus jolie que vous...

CHRISTOPHE, *saluant.*

Vous êtes bien aimable !

LEGRAND.

Mais, comme vous êtes riche, j'épouserai votre Agathe, qui n'est pas un bijou précieux, pour avoir la satisfaction de faire sauter vos espèces.

CHRISTOPHE.

Profondément reconnaissant.

LEGRAND.

Il n'y a pas de quoi.

CHRISTOPHE.

Pardon... Je suis pressé... les détails que vous me donnez me serviront, je l'espère, à le faire retrouver... quant à votre affaire, j'en parlerai au comité de bienfaisance, et je tâcherai d'obtenir quelques secours pour vous... quoi qu'on n'aime guère les mendiants.

LEGRAND.

Ah ! le comité n'aime pas les mendiants ?

CHRISTOPHE. *saluant.*

Serviteur ! (*Il sort à gauche.*)

SCENE VII.

LEGRAND, *puis* DIDIER.

LEGRAND.

Mendiant ! je le trouve prodigieux de m'adresser une épithète qui conviendrait mieux à son physique dégénéré.

CHŒUR *des jeunes gens dans la coulisse.*

Mes amis, pour bien servir l'amour,
Il faut boire ! il faut boire ! etc.

DIDIER, *à part, descendant rapidement l'escalier de droite.* (1).

Pendant qu'ils s'arrosent de blanquette de Limoux, je voudrais savoir si le carambolage a eu lieu entre notre Auvergnat et les Lefebvre de l'endroit... interrogeons le père Pinchenet...

LEGRAND, *l'apercevant.*

Ah ! vous revoilà, vous ! Pardieu ! je suis flatté de vous trouver... pour vous complimenter sur M. votre oncle.

DIDIER.

Vous l'avez donc vu ?

LEGRAND.

Lui, ainsi que mademoiselle sa fille, et je déclare que Bicêtre, ce vaste entrepôt d'insensés ne possède pas dans ses cabanons de pareille extravagante... ni dans ses cuisines, de pot aussi sourd que votre respectable parent.

DIDIER.

Est-ce qu'il n'aurait pas voulu vous entendre ?

LEGRAND.

Voulu est fort joli .. mais le canon du Palais-Royal lui partirait dans les oreilles qu'il prendrait ça pour un serin qui éternue !

DIDIER, *à part.*

Un sourd ! bravo ! notre almanach a fait merveille !.. (*haut.*) Je vois ce que c'est... il y a erreur... vous aurez probablement parlé au portier de cette maison et à sa fille...

LEGRAND.

Ah ! bah !... Mais au fait, elle m'avait tiré le cordon quand je suis entré... cette quinquagénaire... Ah ! c'est la fille du portier !..

DIDIER.

C'est si vrai, que j'ai laissé, il n'y a qu'un instant, mon oncle au café Turc, entre une flûte et une bavaroise... or, vous n'avez pas pu lui parler ici.

LEGRAND.

Je tombe d'un cinquième... et en me ramassant, je n'ai plus qu'un dessein, c'est celui de me rendre au café Turc... acompagnez-moi.

DIDIER.

Impossible !.. j'ai pour ce matin, dans cette

(1) L. D.

maison un festin de Balthasar... Au surplus, vous trouverez facilement sans moi, : le café Turc est à deux pas.

LEGRAND.

Et puis, avec une langue, on va à Rome (1). Mais j'y pense, comme je n'ai jamais vu monsieur votre oncle, il me semble que je vais avoir quelque peine à le reconnaître.

DIDIER.

Ah! c'est juste... vous le remettrez à sa flûte et à sa bavaroise.

LEGRAND.

Une bavaroise!.. c'est un signalement bien pâle...et puis, ce signalement doit être dévoré maintenant; n'en avez-vous pas un plus complet.

DIDIER.

Le voici : nez camard, redingote grise, yeux gris, barbe et cheveux gris, et chapeau de la même nuance.

LEGRAND.

J'aime mieux celui-là... il est plus précis. Votre oncle est complètement gris... je vole au café Turc... Sans adieu, jeune homme. (*Il sort vivement et tire la porte cochère sur lui.*)

SCENE VIII.

DIDIER, COQUEREL, BÉNARD, puis ERNEST.

DIDIER, *à Coquerel qui paraît au haut de l'escalier.*

Eh! descendez donc!

COQUEREL.

Notre homme est arrivé? (*Il descend suivi de Bénard* (2).

DIDIER.

Oui, sans doute, il est venu, et il a donné en plein sur les Lefebvre indiqués... des Lefebvre magnifiques! qu'on aurait inventés tout exprès...

BÉNARD et COQUEREL.

Bravo!

ERNEST, *qui a suivi Coquerel et entendu ces derniers mots.*

Là!.. j'étais sûr que vous étiez descendus pour continuer votre mauvaise plaisanterie! (3) pour me compromettre de nouveau... je ne le souffrirai pas, vous dis-je et je déménagerai, s'il le faut, une seconde, une troisième fois... mais ce sera pour ne vous revoir jamais!

DIDIER.

As-tu fini?.. sache donc, ingrat! que, dans ton intérêt, il fallait d'abord dépister ton rival...

ERNEST.

Mais, à quoi bon?.. il arrivera toujours.

(1) D. L.
(2) B. D. C.
(3) B. D. E. C.

DIDIER.

J'ai pris mes informations... et, pendant qu'il trotte pour embrasser mon oncle... toi, tu vas assister à un bal que donne, ce soir, madame Lefebvre, le mère de ton Henriette, chez laquelle je te présente moi-même en personne.

ERNEST.

En vérité? belle recommandation!.. surtout quand on n'est connu, comme moi, ni du père ni de la mère et qu'on n'a aucun titre pour être invité

DIDIER.

Que t'importe, puisque je me charge de tout. (*On entend frapper à la porte cochère.*) Chut!.. c'est peut-être notre homme qui revient sur ses pas.

ERNEST.

Ah! ma foi, arrangez-vous, je ne me mêle de rien (*Il remonte vivement l'escalier de droite.*)

SCÈNE IX.

LES MÊMES, MICHEL.

MICHEL, *au fond.*

Rue Boucherat, n° 14... c'est bien ça..

DIDIER et COQUEREL.

Tiens! c'est M. Léonce de Latour! (1)

MICHEL, *à part.*

Dieu! les jeunes gens de la rue Montorgeuil dans la maison de mon épileuse!..

COQUEREL.

Et par quel hasard ici?

MICHEL, *embarrassé.*

Au fait, vous avez bien raison... un hasard, un vrai hasard. (*à part.*) Cachons à ces modernes mes projets épilatoires. (*haut.*) Imaginez-vous qu'hier, chez le restaurateur où je vous ai vus... j'avais chargé le garçon de me faire écrire au bas de ma carte à payer l'adresse d'une ancienne ep..... non, l'adresse d'un notaire... avec lequel je suis en relation... le compte soldé, j'avais mis la carte dans ma poche et j'étais parti bien tranquille... mais, ce matin, qu'est-ce que je vois en repassant mon addition, je vois qu'entre un fromage Chester et une compote de pruneaux, on m'avait glissé l'adresse demandée... c'est-à-dire qu'on avait posé le numéro 14 de la rue Boucherat sous la colonne des francs, ce qui avait fait monter le total de ma dépense de 33 à 47 fr.

DIDIER ET COQUEREL, *riant.*

Pas possible!

MICHEL.

Vous trouvez ça drôle, vous?

(1) B. D. M. C.

Air : *Vaudeville de l'écu de 6 francs.*

C'est vraiment une petitesse,
Sur ce point là soyons d'accord;
Car, pour indiquer une adresse,
Quatorze francs c'est un peu fort!
Pourtant, je m'en console encor...
Mais, la somme était effrayante ;
Si mon notaire eût demeuré
Dans le faubourg Saint-Honoré,
Au numéro deux cent cinquante.

DIDIER.

Ma foi, vous arrivez trop tard .. un instant plus tôt vous trouviez ici M. Legrand, votre compagnon de voyage.

MICHEL.

Ah! bah! il y est déjà venu! Est-il heureux de vous avoir rencontré ! sans vous, il n'aurait pas encore mis la main sur sa prétendue. Si vous pouviez lui faire retrouver sa bourse , ça m'obligerait. C'est que sa part de dépense commence à monter... avec le surcroît d'hier au bal du Château-Rouge...

COQUEREL.

Vous avez été au bal du Château-Rouge?

MICHEL.

Ma foi oui... c'est un endroit charmant... un orchestre qui vous enlève... des femmes prêtes à se faire enlever... d'un esprit... et d'un genre tout-à-fait excentrique, aussi , nous nous en sommes donné!.. nous avons polké , marzourké!.. (*Il fait le pas de la polka.*)

DIDIER.

Voyez-vous, gros mauvais sujet!

MICHEL, *riant.*

Que voulez-vous... il faut bien rire un peu... tant qu'on est garçon...

BÉNARD.

Tiens! vous êtes garçon, monsieur de Latour?

MICHEL.

Tout ce qu'il y a de plus célibataire... ainsi, entre jeunes gens , on peut parler franchement.. avec d'autres, je le dissimulerais ; mais avec de bons enfants , comme vous , je n'ai rien de caché. (*Il leur serre la main.*) Oui, jeunes gens, sachez qu'hier , au bal, j'ai fait une conquête... superbe!.. une comtesse... de la rue de Navarin... et je ne vous cacherai pas que j'ai obtenu d'elle un rendez-vous, en fiacre, à midi, barrière de la Chopinette. Il est onze heures , je n'ai que le temps de parler à mon notaire... (*Les trois jeunes gens remontent.*) (*A part.*) Montons vite chez mon épileuse. (*Il va pour sortir.*)

DIDIER, *l'arrêtant.*

Laissez donc!. (1) (*Ils redescendent tous.*) Principe général, il faut toujours faire attendre les femmes, ça leur monte la tête... Et, si vous m'en croyez, vous allez venir avec nous pendre la crémaillère. (*A Bénard.*) Ne le laissons pas partir... j'ai mon idée.

COQUEREL.

Vous acceptez, n'est-ce pas?

MICHEL.

Messieurs, j'adore pendre la crémaillère... c'est une habitude patriarcale pour laquelle j'ai toujours eu beaucoup de vénération, mais vous comprenez que quand une comtesse vous attend... barrière de la Chopinette...

COQUERELLE.

Bah! il ne s'agit que d'une terrine de Nérac...

DIDIER.

Et d'un combat naval à la blanquette de Limoux. Allons, vous êtes des nôtres!

(*Les jeunes gens pressent vivement Michel.*)

MICHEL, *après s'être défendu.*

Eh! bien, oui... ma foi! tant pis!.. Ma comtesse attendra... ça lui montera la tête.

TOUS, *riant.*

Nous ne vous quittons plus.

Air : *de M. Laultz.*

Nous chanterons,
Arroserons
Le plaisir, la goguette,
De flots de blanquette,
Car, nous boirons
En vrais lurons,
Et nous nous ferons
Ronds
Comme des ballons.

(*Ils l'entraînent par l'escalier.*)

DIDIER, *revenant en scène.*

Bravo! ça roule comme sur un chemin de fer! (*Legrand paraît au fond.*)

SCENE X.

DIDIER, LEGRAND.

DIDIER, *à part, apercevant Legrand.*

A l'autre, maintenant... de l'aplomb, je vais connaître l'effet de la bille.

LEGRAND, *froidement.*

J'arrive du café Turc...

DIDIER.

Et mon oncle?..

LEGRAND.

Je l'ai aperçu tout de suite...

DIDIER, *à part.*

C'est un habitué de ma connaissance.

LEGRAND.

Il était d'autant plus facile à reconnaître, qu'il se trouvait absolument seul dans cet établissement... Je l'aborde le chapeau à la

(1) C. M. D. B.

main, en lui expliquant qui je suis... et le motif qui m'amène de Clermont à Paris.

DIDIER.

Eh bien?

LEGRAND, *s'échauffant peu à peu.*

J'attends sa réponse pendant quelques secondes; enfin, elle arrive. « Co... co... onnais pas... » articule avec peine cet homme âgé, en me regardant d'un air à moitié hébété... « Je ne vous ca... ca... ache pas que je me défie des au... zau... vergnats. »

DIDIER.

En vérité!

LEGRAND.

En un mot, je venais de quitter un sourd, et j'étais tombé sur un bègue.

DIDIER.

C'était un farceur!.. il y en a tant dans ce Paris!.. au café Turc surtout!

LEGRAND.

C'est ce que je m'imaginai d'abord .. aussi je lui répondis d'un air assez outrecuidant: « Monsieur... vous n'êtes plus d'âge à plaisanter de cette manière... ne faites pas semblant de bégayer en parlant » A ces mots, le vieux me saute à la gorge, nous nous colletons... Bref, nous nous serions sans doute mutuellement étranglés, si le garçon, intervenant à propos, ne m'avait appris que mon adversaire était M. Coquereau, papetier, rue Charlot, et pas du tout le Lefebvre demandé.

DIDIER.

C'est que vous ne vous êtes pas rappelé le signalement. je vous ai dit : Nez rond...

LEGRAND.

Camard!

DIDIER.

Redingote verte...

LEGRAND.

Grise!

DIDIER.

Ah! c'est possible... il peut en avoir changé.

LEGRAND.

Qu'il ait changé de redingote, j'accorde... mais, quand le diable y serait, il n'a pas pu changer de nez.

SCÈNE XI.

PINCHENET, DIDIER, LEGRAND.

PINCHENET, *un pain de quatre livres sous le bras et des noisettes dans le pan de sa redingote.*

Me voilà de retour, avec du pain et des noisettes.

DIDIER, *à part.*

Oh! le père Pinchenet!.. quelle idée!.. je tiens mon carambolage!

PINCHENET.

Mademoiselle Agathe peut se flatter de m'avoir fait trotter. (*Il dépose son pain près du logement de gauche*).

DIDIER, *à Legrand.*

Quand je vous disais que vous vous étiez mal adressé... le voilà qui rentre.

LEGRAND.

Comment! il serait possible!.. ce serait là votre original d'oncle?

DIDIER.

Lui-même. (*à Pinchenet*). Eh! venez donc! Depuis une heure qu'on vous attend avec impatience!

PINCHENET.

Moi?.. et qui donc?

DIDIER, *à voix basse.*

Parbleu! le cousin Bonnemain, le prétendu de Naïs, que votre femme avait repoussé, et qui revient du pays, plus brûlant que jamais!

PINCHENET, *de même.*

Il persiste donc?.. ça me va... Diable! il a l'air calé.

PINCHENET et LEGRAND, *se saluant.*

Monsieur...

DIDIER, *bas à Pinchenet.*

Soyez gentil, et vous êtes sûr de l'amadouer. (*Bas à Legrand*). Soyez spirituel, et sa fille est à vous. (*Il remonte, et faisant le signe de donner un coup de queue de billard*) : Vlan! encore un raccroc!.. (*Il sort en riant, par l'escalier*).

SCÈNE XII.

PINCHENET, LEGRAND.

PINCHENET, *cachant ses noisettes.*

Ah! monsieur, combien j'ai d'excuses à vous faire de ne m'être pas trouvé... Mettez donc vot' chapeau.

LEGRAND.

J'espère que vous n'avez pas douté un seul instant de mon impatience.

PINCHENET.

Comment donc, monsieur, comment donc!

LEGRAND.

Impatience bien naturelle, surtout depuis que j'ai entendu parler de mademoiselle votre fille. (*A part*). Qu'est-ce qu'il cache donc dans sa redingote.

PINCHENET, *à part.*

De Naïs!

LEGRAND.

Cet accueil flatteur me comble... Voulez-vous bien me permettre .. (*Il ouvre les bras*).

PINCHENET, *embarrassé.*

Comment donc, Monsieur, comment donc! (*Ils s'embrassent*).

LEGRAND.

Je n'attendais pas moins de votre urbanité.

PINCHENET.

Ah! ça, nous avons maintenant à nous expliquer...

LEGRAND.

Sur la dot... soit... Inutile de vous dire que la mienne se montera à quinze mille francs de rente.

PINCHENET.

Mettez donc votre chapeau. (*A part*). Ce coquin de Bonnemain est un vrai Crésus.

LEGRAND, *à part.*

Je ne serais pas fâché de savoir ce qu'il donne à sa fille, le bonhomme... (*Haut*). Quant à l'état de vos revenus... on dit que...

PINCHENET.

Oui... oui... je n'ai pas trop à me plaindre de mes locataires.

LEGRAND, *à part.*

Bon! c'est un propriétaire!.. Mais qu'est-ce qu'il cache donc dans sa redingote?

PINCHENET.

En faveur du mariage projeté... je donnerai à ma fille...

LEGRAND, *qui a glissé sa main dans le pan de la redingote de Pinchenet et qui a pris une noisette.* (*A part*).

Tiens! tiens! ce sont des noisettes... (*Il mange la noisette.* (*Haut*) Vous donnez à votre fille!..

PINCHENET, *mangeant aussi une noisette.*

Je lui donne tout ce que je possède.

LEGRAND, *prenant une noisette.*

Ça me va... après? (*Il mange.*)

PINCHENET, *de même.*

Après... ma mort.

LEGRAND, *de même* (*à part*).

Ça me va moins... diable! diable! il est vigoureusement constitué le gaillard! (*Mangeant et prenant des noisettes.*) Très bien! mais la dot?

PINCHENET, *de même.*

Quant à ça, elle possède déjà un trésor.

LEGRAND.

Ah! ah!

PINCHENET.

Dès qu'elle voudra, elle se fera cent mille écus de sa voix.

LEGRAND.

Mon Dieu, que ça lui vienne de Savoie ou de France, je n'y tiens pas... c'est la même monnaie.

PINCHENET.

Vous ne m'entendez pas.

LEGRAND.

Je ne vous en demande pas davantage, ça me va! (*à part*). Décidément c'est un fort capitaliste.

PINCHENET, *à part.*

Eh! bien! il n'est pas intéressé.

Air: *O Dieu des flibustiers.* (*Syrène.*)

Mon gendre, touchez-là!
Je vous donne ma fille;
Vous v'là de la famille:

LEGRAND.

Accepté, çà me va!

ENSEMBLE.

{ Beau père / Mon gendre } touchez-là
{ J'accepte votre / Je vous donne ma } fille.
{ Je suis / Vous v'là } de la famille.
Touchez-là! *bis.*

(*Pinchenet entre à gauche.*)

SCÈNE XIII.

LEGRAND, *puis* MICHEL.

LEGRAND.

A la bonne heure, au moins! voilà un beau-père avec lequel on n'a pas besoin de se fouler le larynx.

MICHEL, *paraissant au haut de l'escalier, la figure empourprée; entre deux vins, et un cigarre à la bouche.*

Tiens! c'est Legrand! (*Il descend.*)

LEGRAND.

Léonce!.. d'où diable sort-il? (1).

MICHEL.

Je descends du paradis terrestre, mon cher... situé là haut... au 4e, sur le devant... mobilier en acajou... papier à 18 sous le rouleau...mais, de la gaîté et de la blanquette de Limoux à discrétion. (*Fredonnant.*)

Vive le vin, le rhum et le tabac,
Voilà, voilà, voilà, les plaisirs du bivouac.

LEGRAND.

Ah! mon Dieu! quel teint coquelicot! .. et les jambes donc! (*Le soutenant.*) Prenez donc garde! la maison va tomber, si les fondations ne sont pas plus solides.

MICHEL.

Que voulez-vous, ils ont inondé l'édifice... ce n'est pas ma faute s'il y a un éboulement. (*Il rit.*)

LEGRAND.

Qui ça?

MICHEL.

Eh! bien! eux... vous ne savez donc pas?.. c'est une farce qu'ils ont voulu me faire... et

(1) L. M.

à vous aussi... ils sont décidément fort gais, ces jeunes gens... d'autant que, ce matin, ils pendaient la crémaillère. (*Fredonnant.*)

Nous avons-t-y ri, nous avons-t-y bu!
Chez la mèr' Gri...

LEGRAND, *impatienté.*

Eux?.. où?

MICHEL.

Chez le petit... un déjeûner de gargantua... je me suis gorgé de Madère et bourré de pâté... (*Il danse.*) Tra de ri de ra...

LEGRAND.

Quand?

MICHEL.

Tout à l'heure... même qu'ils chuchottaient entr'eux, pendant que je dévorais... aussi, je n'ai pas compris un mot de ce qu'ils disaient, mais c'était bien spirituel!

LEGRAND.

Il y paraît.

MICHEL.

C'est le plus grand qui a tout imaginé, pour vous faire poser... Dieu! s'en est-on donné!

LEGRAND, *avec colère.*

Me faire poser... le plus grand... le plus petit... ah! ça, de qui parlons-nous au juste?

MICHEL.

Eh! bien! de ces jeunes gens que nous avons rencontrés hier, rue Montorgeuil... n'ont-ils pas eu l'idée bouffonne de nous indiquer cette maison, rue Boucherat, n° 14, qu'ils avaient trouvée par hasard dans l'almanach des 25,000 adresses.

LEGRAND.

Ah! bah!

MICHEL.

Et comme la famille que vous deviez rencontrer est, à ce qu'il paraît, partie pour la campagne... qu'ont imaginé ces jeunes roués... ils ont fait déguiser trois de leurs amis... l'un en sourd, l'autre en demoiselle, et le troisième en beau-père... du moins à ce qu'ils m'ont avoué... hein? en voilà une de farce!

LEGRAND, *de plus en plus étonné.*

Ah! bah! ah! bah! ah! bah!

MICHEL.

Si bien que vous avez crié dans l'oreille d'un faux sourd, que vous avez voulu épouser un homme au lieu d'une demoiselle, et qu'au lieu du beau-père, vous avez embrassé... qui? le rapin de l'atelier. (*Il rit.*)

LEGRAND.

Le rapin!.. comment! j'aurais donné dans un tel panneau?

MICHEL, *fredonnant.*

En plein, plan, ran tan plan, tire lire en plan... Ah! ah! ah!.. la drôle de figure! Legrand, mon ami, vous êtes vexé, mortifié, humilié de cette méprise-là. (*Il danse.*) La rifla fla fla...

LEGRAND.

Eh! bien! non! je trouve au contraire le tout original! ce n'est pas la plaisanterie de tout le monde... et finalement, je ne leur en veux pas à ces peintres... je tiens même à leur prouver que je cultive la farce aussi bien qu'eux!... mais, chut! les voilà justement... nous allons nous expliquer.

SCENE XIV.

PINCHENET, AGATHE, CHRISTOPHE, LEGRAND, MICHEL, *ensuite* DIDIER, COQUEREL ET BÉNARD.

CHRISTOPHE, *donnant le bras à Agathe et parlant à Pinchenet.*

Vous dites : à l'hôpital des chiens, avenue des Champs-Élysées?

PINCHENET.

Oui, monsieur.

AGATHE.

Allons vite arracher Trilby des mains de ses ravisseurs.

MICHEL, *bas à Legrand.*

Hein! comme ils sont déguisés!

LEGRAND, *se mettant sur leur passage.*

Halte-là s'il vous plaît!

MICHEL, *de même.*

Halte-là s'il vous plaît!

AGATHE.

Ciel! mon prétendu!

DIDIER, *à Coquerel et Bénard qui descendent l'escalier avec lui.*

Attention Messieurs.

MICHEL, *bas à Legrand.*

Eh! tenez, voilà les autres qui descendent.

LEGRAND, *de même.*

Ils s'étaient tous donné le mot, c'est clair! (1)

CHRISTOPHE.

Que nous veut encore ce mendiant?

LEGRAND.

Connu! connu!.. ça ne prendra plus, mon vieux, malgré votre perruque blonde, vous êtes découvert.

CHRISTOPHE.

Plaît-il?

LEGRAND, *à Didier.*

Votre ami imite le sourd dans la perfection.

DIDIER.

N'est-ce pas? (*bas aux jeunes gens.*) Il va tout seul.

MICHEL, *bas à Legrand.*

A mon tour... (*Haut à Agathe.*) Pourrais-je avoir l'honneur de vous offrir un cigare, jeune homme!.. (*Il le lui présente.*)

AGATHE, *indignée, reculant.*

Un cigare!.. quelle horreur! (2)

(1) P. Chris. L. M A. D. C. B.
(1) Chrst. A. L. M. D. C. B. (*Pinchenet 2e plan*)

LEGRAND, *à Agathe.*

Jeune homme, vous voulez me faire peur, mais avant, je vous engage à laisser pousser vos moustaches, mon cher !

PINCHENET, *s'avançant* (1).

Ah ! ça, mais, au fait, mon gendre, et vous, gros incivil, qu'est-ce que vous avez donc à invectiver comme ça mes locataires ?

LEGRAND.

Bon ! voilà aussi le beau-père qui se met de la partie... allez donc nettoyer vos palettes, méchant rapin !

MICHEL.

Allez donc vous débarbouiller... barbouilleur !

PINCHENET, *furieux.*

Rapin ! barbouilleur !.. Monsieur ! apprenez que je suis portier ! (*Il remonte.*)

MICHEL.

Bon ! voilà qu'il veut changer de personnage !

LEGRAND.

Il est délicieux ! (2) (*A Christophe, voulant lui arracher sa perruque.*) Vous, mon cher ! à bas la perruque !

MICHEL, *saisissant Agathe par la taille.*

Vous, jeune homme, ôtez votre corset de contrebande ! (*Agathe pousse un cri, recule et s'accroche au bras de Christophe; riant.*) Ça marche !.. xss !.. xss !

DIDIER, *riant.*

Bien attaqué ! bien défendu !

ENSEMBLE.

Air : *des Batignolaises.*

Nous insulter / Quoi ! persister — encor,

C'est trop fort !
C'est vraiment scandaleux
Et honteux !
Ah ! je me sens frémir
Et bouillir !
Aussi craignez pour vous
Mon courroux

(*Chritophe et Agathe sortent furieux par le fond. Pinchenet rentre dans sa loge. Les autres personnages rient.*)

DIDIER, *à Legrand.*

Savez-vous que vous avez un charmant caractère, et que je m'attache à vous !

LEGRAND.

Vrai ? Eh bien ! moi aussi, je me sens entraîné.

DIDIER.

Et, maintenant, pour réparer mes torts, je m'engage à vous faire retrouver votre beau-père aujourd'hui même, aussi vrai que je m'appelle Lefebvre.

LEGRAND.

Tope ! j'accepte. Enchanté de me trouver dans la compagnie de jeunes gens aussi spirituels !

DIDIER.

C'est dit. (*Bas à Coquerel.*) Le fiacre est toujours là ?

COQUEREL, *bas.*

Toujours... je l'ai pris à l'heure.

DIDIER, *haut.*

En ce cas, en fiacre !

TOUS.

En fiacre !

MICHEL.

Et moi, barrière de la Chopinette !

(*Ils sortent bras dessus, bras dessous, en souriant et dansant, tandis que l'orchestre reprend la musique du chœur.*)

FIN DU DEUXIÈME ACTE.

(1) Chrst. A. L. P. M. D. C. B.
(2) P. L. Chrst. A. M. D. C. B.

TROISIÈME ACTE.

La salle à manger de l'appartement de Michel Lefebvre. — A droite, premier plan, une porte. — Troisième plan, une croisée. — Au fond, une porte, entre la croisée et la niche qui est au milieu ; dans la niche, un poële surmonté d'une statue en plâtre, représentant le dieu Pan. — Un buffet de chaque côté du poële. — A gauche, troisième plan, une armoire, une table, plus loin une porte, ouvrant sur un escalier. — Chaises, etc.

SCENE PREMIERE.

HENRIETTE, JEANNETTE, MADAME LEFEBVRE.

MADAME LEFEBVRE, *devant une glace.*

Enfin, voilà ma toilette à peu près terminée !

HENRIETTE, *aidée par Jeannette.*

Vous êtes bien heureuse, maman... il est neuf heures du soir, et je n'ai pas encore posé ma guirlande.

MADAME LEFEBVRE.

Bon Dieu ! qu'on a donc de choses à faire quand on donne un bal !... Jeannette, avez-vous pensé aux rafraîchissements ?

JEANNETTE.

Oui, madame... je n'ai plus qu'à dresser le buffet dans l'office.

MADAME LEFEBVRE, *indiquant la porte de droite.*

Bien!... vous trouverez là, dans l'armoire, la nappe que vous m'avez demandée pour cela. Toi, Henriette, songe à paraître jolie, car, ce soir, nous aurons sans doute la visite de M. Legrand, ton prétendu... d'après la dernière lettre de son oncle, datée de Clermont, il devrait être à Paris depuis hier... et ce n'est que pour t'offrir l'occasion de lui plaire que je donne ce bal.

HENRIETTE.

Mais, maman, je ne le connais pas ce monsieur Legrand.

MADAME LEFEBVRE.

Ni moi non plus... mais on dit que c'est un homme charmant... unique héritier de son oncle, l'un des plus riches industriels de Clermont... je veux que votre mariage soit entièrement arrêté avant le retour de ton père... (*à part.*) que je n'ai envoyé promener à Montluçon que pour me débarrasser de lui.

HENRIETTE.

Pourtant, vous savez bien que je ne pourrai jamais aimer que monsieur Ernest.

MADAME LEFEBVRE.

Encore!... mademoiselle!... ne me reparlez plus de votre petit artiste!

HENRIETTE.

Je ne vous en parlerai plus, puisque vous le voulez... mais, j'y penserai toujours.

JEANNETTE, *la prenant à part.*

Allons! voyons, mamzelle, ne vous chagrinez pas ainsi!

Air: *vaudeville de madame Favard.*

A votre mèr' soyez soumise
Et renoncez à vos amours;
Quand un mari vient, pas d'bêtise,
Mamzelle, on épouse toujours.
Mais, si c'mari, loin de vous plaire,
Plus tard, finit par vous gêner,
Suivez l'exemple de vot' mère :
Envoyez-le souvent prom'ner.

(*Bruit de voiture.*)

JEANNETTE, *courant à la fenêtre.*

Ah! madame, un fiacre qui s'arrête à la porte!... voilà déjà du monde qui nous arrive

MADAME LEFEBVRE.

En ce cas, allez vite ouvrir les deux battants de la porte qui donne sur le grand escalier... et dites au portier de ne plus laisser monter de ce côté. (*elle indique le fond à gauche.*) Ensuite, vous aiderez Henriette à placer sa guirlande. (*Henriette et Jeannette sortent par la droite.*)

SCENE II.

LEGRAND, MADAME LEFEBVRE.

LEGRAND, *entrant par la gauche.*

La porte est ouverte, bon! ça m'évite la peine de l'enfoncer.

MADAME LEFEBVRE.

Quel est ce monsieur?

LEGRAND, *brusquement.*

Je demande monsieur Michel Lefebvre.

MADAME LEFEBVRE.

Vous êtes chez lui et vous parlez à sa femme.

LEGRAND.

Ah! vous êtes sa femme!... (*il la salue.*) Permettez-moi de vous exprimer mon regret de vous savoir unie à un individu aussi fâcheux.

MADAME LEFEBVRE.

Monsieur, si vous n'avez que de pareils compliments à m'adresser, vous pouvez sortir.

LEGRAND.

Merci... je préfère m'asseoir. (*Il s'assied.*) Bien... maintenant, je m'explique : Madame, je vous apprendrai d'abord, qu'hier, j'ai dîné chez Philippe, restaurateur, rue Montorgeuil.

MADAME LEFEBVRE.

Eh! qu'est-ce que cela me fait, monsieur?

LEGRAND.

Soit. Mais, si on y dîne bien, on y fait des rencontres souvent fort désagréables... je m'y suis trouvé avec votre mari.

MADAME LEFEBVRE.

Mon mari... impossible, monsieur, il est en voyage.

LEGRAND.

Qu'il vous l'ait dit, très-bien... mais, que vous ayez été assez bonne pour le croire, ça m'étonne... La vérité est, qu'hier, nous avons rapproché nos tables pour fraterniser et sabler le champagne, pas à votre santé, par exemple!... si bien qu'à la fin du repas, il m'a donné lui-même son adresse que voici : (*il prend l'adresse et lit*) «Michel Lefebvre, rue Béthisy, 37... » Est ce ça?

MADAME LEFEBVRE.

En effet... (*A part.*) M'aurait-il caché... si je le savais!... (*Haut.*) Mais enfin, pourquoi cette visite, monsieur, et qu'avez-vous à lui dire!

LEGRAND.

La voici en onze mots... (*détachant chaque mot.*) Il faut qu'il ait ma vie ou que j'aie la sienne!... pas davantage.

MADAME LEFEBVRE.

O ciel!

LEGRAND.

Et à vous parler franchement, je préfère avoir la sienne .. et je l'aurai... j'en ai le doux pressentiment.

MADAME LEFEBVRE.

Mais c'est donc un assassinat que vous voulez commettre?

LEGRAND.

Un simple assassinat... A ma place ne l'assassineriez-vous pas aussi? je vous en fais juge. Après m'avoir exposé, pendant trente-six heures au flux et reflux d'un océan de Lefebvre, sous prétexte de me faire retrouver mon beau-père, savez-vous ce qu'a imaginé encore votre affreux mari?... il me propose de m'accompagner et me fait monter dans un fiacre... avec lui et deux de ses acolytes... nous voilà donc arpentant Paris de long en large, et réclamant des beaux-pères, qui, loin de m'ouvrir leurs bras, me fermaient tous leur porte au nez. . j'en avais déjà subi treize beaux-pères, madame, et j'avisais le domicile du quatorzième, quand, tout-à-coup, votre gueux de mari... (*mouvement de madame Lefebvre*) Ne m'interrompez pas!... gueux est le mot... je n'en retrancherai pas une lettre... quand votre gueux de mari, dis-je, et ses deux acolytes partent d'un éclat de rire, se précipitent par les portières du fiacre, trouvant du dernier plaisant de me laisser seul, dans une compagnie générale... (c'est le nom de la voiture) aux prises avec le cocher... Revenu de mon étonnement, je veux m'élancer à leur poursuite, quand l'automédon furieux, se voyant abandonné, me saisit à la gorge et me demande 18 fr. 75!... Pour sortir de mon fiacre et de cette position... sans dignité... je cherche... et je trouve... mes poches complètement veuves de ce capital... force me fut donc de remonter dans ma boîte, en ordonnant au cocher de rouler de nouveau... et depuis ce temps, madame, je demeure en fiacre, n° 275!

MADAME LEFEBVRE.

Et c'est à moi que vous venez vous plaindre de tout cela?

LEGRAND.

Je viens de vous faire ouïr ma complainte véridique, et j'ajoute... que, si, jusqu'ici, j'ai tout supporté avec le flegme d'un quaker... sacrebleu! la chaudière éclate à la fin!..... bref!... je viens sommer le sieur Michel Lefebvre, maître de céans, de me dire avec quelles armes, blanches ou à feu, il préfère que je le massacre!

MADAME LEFEBVRE.

Encore une fois, monsieur, je vous déclare que mon mari n'est pas à Paris... et...

LEGRAND.

Une idée!... il est peut-être caché dans quelque coin de cet appartement, le lièvre!..... (*criant*) qu'il se montre!... qu'il se montre ou sinon!...

MADAME LEFEBVRE.

Monsieur, je donne un bal ce soir, et il est insupportable d'être ainsi importunée, surtout quand ma toilette n'est pas terminée.

LEGRAND.

Vous avez raison, madame... retournez à votre toilette, moi, je retourne à mon domicile... c'est-à-dire à mon fiacre... je me fais conduire chez un armurier que j'ai remarqué là, tout près, dans la rue, j'en rapporte un matériel de combat, au grand complet, et ensuite, je m'établis dans votre chambre à coucher...

MADAME LEFEBVRE.

Vous oseriez...

LEGRAND.

Je m'y installe, dis-je, et j'y passe une nuit, deux nuits, trois nuits, s'il le faut, jusqu'à ce que votre pleutre de mari vienne m'y trouver... et il y viendra!..... votre œil assassin m'en est un sûr garant.

ENSEMBLE.

Air : *nouveau de M. Gueoée.*

Vous verrez si je suis crâne
Et jusqu'où va mon courroux!
Je suis têtu, comme un âne...
Mordieu! prenez garde à vous!

MADAME LEFEBVRE.

Seriez-vous cent fois plus crâne,
Apaisez votre courroux!
Tout d'avance, vous condamne,
Car, vous n'êtes pas chez vous.

(*Legrand sort par où il était entré.*)

SCÈNE III.

MADAME LEFEBVRE, *seule.*

MADAME LEFEBVRE, *quand il a disparu.*

Eh! quoi! mon mari serait de retour à Paris, depuis hier, à mon insu!... oh! c'est impossible! il ne se permettrait pas de s'indiscipliner à ce point!.. En vérité, il est effrayant, ce monsieur avec ses menaces..... c'est un homme horrible!

Air : *de l'Eau Merveilleuse.*

Quoi! dans ma chambre il prétend s'introduire
Sans que je puisse, ici, l'en empêcher!
Mais, mon mari, grand Dieu! que va-t-il dire,
Si, par hasard, il vient pour m'y chercher.
Comme il fera la grimace
En retrouvant à sa place
Ce galant
Menaçant!..
J'en rirai
Et dirai:
Mon cher, pendant ton absence,
J'use de la circonstance,
Et, j'imite en tous points ta constance...
Il faut bien le faire enrager
Et se venger!
Il faut bien se dédommager
Et se venger!

JEANNETTE, *accourant.*

Madame! madame! voilà vos invités!

MADAME LEFEBVRE.

C'est bien!... faites-les attendre ici, moi, je vais achever ma toilette (*elle entre dans la chambre à droite*).

SCÈNE IV.

JEANNETTE, COQUEREL, DIDIER, ERNEST, BENARD.

JEANNETTE, *à la porte du fond.*

Entrez, messieurs... madame sera à vous dans un instant.

DIDIER, *lui prenant la main.*

Ça suffit, mon enfant, nous attendrons. (*Jeannette sort.*) Enfin, mon cher Ernest, nous voilà chez les parents de celle que tu aimes!... et tu pourras danser, ce soir, avec mademoiselle Henriette, sans qu'on se doute de ta présence ici.

ERNEST.

En vérité, j'admire ton aplomb... oser t'introduire dans une maison où l'on ne te connaît pas, pour m'y présenter à titre d'ami, moi qu'on n'y connaît pas davantage... c'est d'une audace!..

DIDIER.

Sois donc tranquille, mon cher... Règle générale, passé vingt-trois ans, les jeunes gens, aujourd'hui ne dansent plus... et toi, qui sais polker comme un sylphe... on sera enchanté de t'avoir... d'ailleurs, je trouverai un moyen... laisse-moi faire, ça me regarde.

ERNEST.

Pourvu que l'autre ne parvienne pas à découvrir l'adresse de sa prétendue!

DIDIER.

Impossible!.. Il roule dans son fiacre, et avant qu'il ait reçu de Clermont sa valise et sa bourse pour le payer, nous avons le temps d'assister à la noce... d'ailleurs, nous lui avons taillé de la besogne... Le gaillard a la tête chaude, et je parie qu'avant tout, il ira me demander raison de la dernière drôlerie du fiacre, à mon prétendu domicile... c'est-à-dire chez le Lefebvre que Coquerel a puisé hier dans l'Almanach des 25,000 adresses.

COQUEREL, *riant.*

Oui... rue Béthisy, n. 37.

ERNEST.

Hein?.. qu'est-ce que tu dis donc?

DIDIER.

Rue Béthisy, 37!.. mais nous y sommes!

COQUEREL.

Ah! bah!..

ERNEST.

Sans doute!.. chez M. Michel Lefebvre, le père d'Henriette.

COQUEREL.

Est-ce que je m'en doutais, moi!

ERNEST.

Malheureux! qu'avez-vous fait?

SCÈNE V.

LEGRAND, COQUEREL, DIDIER, ERNEST, BÉNARD.

TOUS, *voyant entrer Legrand.*

Le voilà!.. (*Ils se retirent à droite*).

LEGRAND, *rentrant par la porte de gauche, tenant dans ses bras des fleurets, des épées, des pistolets et des sabres de cavalerie.*

Là! grâce à ma montre que j'ai laissée en gage, je crois être suffisamment pourvu!

ERNEST, *bas à Didier.*

Qu'allons-nous devenir?

DIDIER, *bas.*

Tais-toi, et laisse-moi faire... (1) (*S'approchant de Legrand qui a déposé ses armes sur la table à manger*). Eh! c'est monsieur Legrand!

LEGRAND, *apercevant Didier.*

Ah allah!.. Dieu soit loué! je tiens enfin mon homme!

DIDIER.

Vous, au bal, monsieur Legrand... et avec des armes!

LEGRAND.

Que voulez-vous, c'est une manière d'entendre la farce qui m'est particulière... il vous a semblé original de me faire courir pendant toute une journée, et de m'obliger à payer à un cocher 18 fr. 75 cent., quand vous me saviez dénué d'argent... bon .. mais il me paraît facétieux, à moi, de vous estropier pour le reste de vos jours... chacun prend son plaisir où il le trouve... Or donc, je demande à procéder à cet agréable passe-temps, le plus tôt possible. (*Il s'approche de la table où sont ses armes*).

COQUEREL ET BÉNARD, *riant.*

Bravo!

DIDIER, *feignant de rire.*

Très bien!

ERNEST, *bas à Didier.*

Tu vois!..

DIDIER.

Pourtant, je demande à faire une observation.

LEGRAND.

Connu! connu!.. vous allez me dire que vous n'êtes pas Michel Lefebvre.

DIDIER.

Au contraire!.. j'avoue que je suis Michel Lefebvre.

LEGRAND.

Alors, vous allez me soutenir que cette dame que j'ai vue tout-à-l'heure, et qui vous disait absent pour vous sauver la vie... n'est pas votre épouse...

DIDIER.

Vous avez vu mon épouse!.. (*Aux amis*). Il a vu mon épouse... (*A Legrand*). Ah! Monsieur, je vous en fais mon sincère compliment!

LEGRAND.

Qu'enfin vous n'êtes pas ici chez vous!.. calembredaines, monsieur, calembredaines!... Si vous êtes fort au billard, je ne joue pas mal aux dominos... et je m'empare de la pose...

(1) L. D. E. C. B.

Voici des fleurets démouchetés, des tromblons, des yatagans, des... n'importe!.. choisissez, ou si non... Y êtes-vous, sacrebleu! y êtes-vous?

DIDIER.

Assez, Monsieur, assez!.. je suis au sein de ma famille, de mes amis... (*ici, on entend la musique du bal*), et j'entends la contredanse qui nous réclame... D'ailleur, Monsieur, vous êtes sans témoins, et les lois de l'honneur me défendent d'engager ce combat meurtrier avant que vous en ayez trouvé. . Allez en chercher.

LEGRAND.

Qu'à cela ne tienne (*Il reprend ses armes*).

ERNEST, *bas à Didier*.

Mais la mère d'Henriette va tout apprendre... je serai plus compromis que jamais.

DIDIER, *de même*.

Au contraire... elle doit trembler pour les jours de son mari... je me présente pour le remplacer, elle m'accepte pour défenseur, et vous voilà introduits.

COQUEREL, *à Ernest et à Bénard*.

Il ne doute de rien!

DIDIER, *bas à Ernest*.

Toi, mazourke avec ton Henriette... (*Aux autres*). Et vous, suivez-moi! (*A Legrand*). Monsieur, nous nous reverrons!

LEGRAND.

Oui, Monsieur, nous nous reverrons!

Air : *Final du deuxième acte d'Yvan le moujick.* (*Flotow.*)

ENSEMBLE.

LEGRAND.

Redoutez ma vengeance!
N'ajoutons plus un mot,
Car, je perds patience
A bientôt, à bientôt!

DIDIER ET LES AUTRES.

J'attends votre vengeance,
N'ajoutons plus un mot,
Silence et patience,
A bientôt! à bientôt!

(*Didier et ses amis sortent par la porte du fond.*)

SCENE VI.

LEGRAND, *ensuite* MICHEL.

LEGRAND.

Des témoins... des témoins... Je ne connais personne à Paris... mais que je suis bête! on donne un bal ici, je prendrai pour témoin le premier invité qui me tombera sous la main... (*Disposant ses armes sur la table.*) En attendant, je vais me la refaire... la main... à ce que j'ai pu voir, l'espadon ne convient pas à cet olibrius... le fleuret démoucheté sera mieux son affaire... Je suis bien sûr de le tuer... mais encore faut-il qu'il soit expédié de façon à faire honneur aux enfants de l'Auvergne... v'lan!.. v'lan! (*Il a pris un fleuret et tire au mur, vis-à-vis la porte de gauche, Michel entre en lui tournant le dos et reçoit un coup de pointe.*) (1).

MICHEL.

Aïe! prenez donc garde! vous m'avez enfoncé une côte!.. (*Le reconnaissant.*) Tiens! Alexandre!

LEGRAND.

Léonce!

MICHEL.

Vous m'attendiez donc?.. on vous avait donc indiqué mon adresse?

LEGRAND.

Comment, vous logez aussi dans cette maison?.. comme ça se trouve!.. vous êtes précisément l'individu que je cherchais.

MICHEL.

Moi?.. et pourquoi faire?

LEGRAND.

Pour me servir de témoin à l'instant.

MICHEL.

Ah! ah! nous avons donc enfin mis la main sur cette prétendue? et nous allons signer le contrat? (*Lui serrant la main.*) Tope... j'accepte.

LEGRAND.

Le contrat... Je vais me percer le flanc... avec un gueux, un drôle, un saltimbanque!

MICHEL.

Un duel! merci!.. la loi et les tribunaux s'y opposent. Si c'est comme ça, Alexandre, je donne ma démission de témoin.

LEGRAND.

Attendez donc... vous connaissez probablement mon adversaire... c'est le maître de céans.

MICHEL.

Le maître des céans?.. Alexandre, ce n'est pas gentil de votre part... Je sais bien qu'en arrivant à Paris, vous m'avez dit : je viens faire une farce, mais une seule.. et nous en sommes au moins à la dix-septième... sans compter celle-ci... par exemple, elle est bonne.

LEGRAND.

Elle sera courte, mais elle sera bonne... (*Se mettant en garde.*) Une, deux, et son affaire est faite!

MICHEL.

Son affaire est faite... à qui?

LEGRAND.

Au Lefebvre de l'endroit... transpercé! occis!

MICHEL.

Occis!.. oh! que non!.. (*Riant.*) Est-il gai, ce satané Alexandre!.. allons, vous avez appris que Léonce de Latour était un nom de guerre et que le Lefebvre de l'endroit, c'était moi... alors, vous vous êtes dit : faisons lui

(1) M. L.

peur... mais, j'ai deviné la couleur... c'est malheureux... mais vous êtes encore une fois volé.

LEGRAND.

Vous vous appelez Lefebvre, vous !

MICHEL.

J'ai cette fatuité.

LEGRAND.

Il est joli !

MICHEL.

Mais... les femmes me l'ont dit.

LEGRAND.

Halte-là, Léonce, c'est par trop fort !.. ceci sort du genre de plaisanterie que nous avions admis... voilà vingt-quatre heures qu'on me fait partir dans les oreilles un feu d'artifice de Lefebvre, et vous venez, comme une bombe, vous lancer encore à ma tête, vous, le plus gros de tous !.. Je l'ai dit : c'est trop fort.

MICHEL.

Vous vous fâchez, Alexandre, vous avez tort... écoutez-moi...

LEGRAND, *exaspéré.*

Je n'écoute rien !.. tout s'éclaircit maintenant... vous êtes d'accord avec les autres... J'en ai la preuve... dans votre arrivée ici, qui n'a d'autre but que de continuer à me narguer... Je vous provoque !

MICHEL.

Écoutez-moi, Alexandre.

LEGRAND.

Taisez-vous, Monsieur Léonce de Latour !.. car, hier encore, vous vous appeliez bien ainsi... et à présent, vous osez me soutenir que vous vous nommez Lefebvre !.. je vous provoque !

SCENE VII.

LES MÊMES, JEANNETTE. (1).

JEANNETTE, *entrant par la droite, un plateau entre les mains, apercevant Michel, à part.*

Ciel de Dieu !.. Monsieur ici !

MICHEL.

Mais, je vous répète que je n'avais pris ce nom de Léonce que pour faire mes fredaines à l'insu de ma femme... et pour me donner un genre auprès de cette jeune comtesse de la rue de Navarin, qui m'adorait et qui m'a fait polker avec elle au bal du Château-Rouge...

JEANNETTE, *à part.*

Il a polké avec une comtesse de la rue de Navarin !.. courons tout dire à madame ! *(Elle s'esquive par le fond.)*

LEGRAND.

Je n'entends plus rien !

MICHEL.

Mais, ce soir, après vingt-quatre heures de danses et de plaisirs échevelés... je rentre dans mon domicile conjugal et dans mon nom propre.

LEGRAND.

Je n'entends plus rien !

MICHEL.

Surtout, j'espère que vous n'avez pas soufflé mot de mes caravanes devant ma femme?

LEGRAND.

Assez, sacrebleu ? assez !.. Comment, vous osez encore me parler de votre femme.... quand, tout-à-l'heure, là, à cette place, j'ai vu le véritable Lefebvre, son mari.

MICHEL.

Son mari !.. ô ciel !.. il y aurait ici un autre moi-même !.. Je demande à m'expliquer !

LEGRAND.

Un autre vous-même !.. non !.. oh ! non !.. il est mieux que vous... aussi, sa femme...

MICHEL.

Mais, Monsieur, cette femme est la mienne !.. un intrus aura usurpé mon titre et mon nom !.. Je demande à m'expliquer?

LEGRAND.

Et moi, je demande si vous voulez me servir de témoin pour m'aider à tuer M. Michel Lefebvre, rue Béthisy, 37 ; est-ce clair?

MICHEL.

Moi, vous servir de témoin pour assister à ma mort !... c'est une absurde prétention, je demande à m'expliquer.

SCENE VIII.

LES MÊMES, MADAME LEFEBVRE, JEANNETTE, *entrant par le fond.*

MADAME LEFEBVRE, *à part.*

Au Château-Rouge !.. avec une comtesse !

MICHEL, *l'apercevant. A part.*

Ma femme !.. Tâchons d'être digne...(1). *(Bas à Legrand).* Si je m'échauffe par trop, contenez-moi de peur de malheur. *(Haut).* Madame...

MADAME LEFEBVRE.

Monsieur...

JEANNETTE, *bas à madame Lefebvre.*

Courage, Madame, exécutez le plan convenu avec ce jeune homme.

MICHEL.

Madame, en rentrant sous mon toit d'ardoises conjugal, j'étais loin de m'attendre à la singulière tuile qui me tombe sur la tête.

LEGRAND, *à part.*

Quel aplomb !.. on dirait qu'il parle sérieusement !

(1) M. L. J.

(2) Leg. M. Madame L. J.

MADAME LEFEBVRE, *lorgnant Michel.*

Quel est ce gros monsieur ?.. Il arrive de voyage, à ce qu'il prétend ?

MICHEL.

Quittez ce ton goguenard, Madame... et répondez *ad rem*... Si j'en crois la voix universelle, représentée ici par Monsieur... Il s'est passé chez moi des choses de la plus plate inconvenance.

LEGRAND, *à part.*

Gros bouffon, va !

MADAME LEFEBVRE, *riant.*

Le singulier original !.. De quel droit se mêle-t-il d'affaires qui ne le regardent pas... Je ne vous connais pas, mon cher !

MICHEL.

Air : *Partie et Revanche.*

Ah ! c'en est trop !... j'étouffe de colère !
Je vous somme, au nom de la loi,
De m'expliquer cet infernal mystère ;
Je veux, madame, enfin, savoir pourquoi
On trompe un homme comme moi !
Me prendrait-on pour une bête,
Pour un conscrit...

MADAME LEFEBVRE.

Il est très amusant.

MICHEL.

Pour un conscrit... je maintiens l'épithète...
Puisqu'on me donne un remplaçant.

Et je vous somme de me dire pourquoi vous m'en donnez un ?

JEANNETTE, *bas à madame Lefebvre*

V'là le moment .. ferme !

MADAME LEFEBVRE, *riant.*

Vous vous croyez en carnaval, sans doute, pour venir me faire chez moi une scène burlesque, sous un si drôle d'accoutrement... Sortez, mon bon... Vous n'êtes pas invité.

MICHEL, *furieux.*

Madame !.. (*A Legrand*). Retirez-moi mon parapluie... dans ma colère, je pourrais faire usage de cette arme blanche !

LEGRAND.

Verte.

MADAME LEFEBVRE, *lui montrant la porte.*

Eh ! bien, Monsieur...

MICHEL.

Elle refuse de me reconnaître !.. j'étouffe !. (*Apercevant Jeannette qui va pour sortir*). Ah ! Jeannette !.. viens ici !.. (1). (*Bas à Legrand*). Cette fois, je vais la confondre !... (*Montrant Jeannette*). Celle-là ne pourra pas nier que je suis son maître, elle a de bonnes raisons pour cela. (*Se radoucissant*). Parle, Jeannette... qui suis-je ?.. Je ne veux pas l'influencer... (*A Legrand*). Vous allez voir.

JEANNETTE.

Vous... vous êtes un homme laid et très mal mis. Je n'ai jamais vu le bout de votre nez... et je ne sais pas pourquoi vous vous permettez de me tutoyer ?

Michel fait un geste de fureur, Jeannette se sauve par le fond.

LEGRAND, *à part*

Ah ! très bien !.. Elle est bonne, la bonne !

MICHEL.

Horreur !.. elle aussi !.. (*A Legrand*). Retirez-moi mon sac de nuit... je serais capable de le lui jeter à la figure !

LEGRAND, *riant.*

Satané Léonce, va !

MICHEL

Vous aussi !.. famille, amis, serviteurs... tout le monde me repousse... (*Avec explosion et comme chantant*). L'univers m'abandonne.. (1).

LEGRAND, *riant.*

Grand air de Richard !

(*Chantant.*) Sur la terre il n'est donc que moi...

Madame, je vous demande pardon pour mon ami Léonce de Latour.

MADAME LEFEBVRE.

Ah ! il s'appelle Léonce de Latour !

MICHEL, *bas à Legrand.*

Taisez-vous donc !

MADAME LEFEBVRE, *à part.*

Le scélérat !

LEGRAND.

C'est bien le plus gai convive et le plus intrépide boute-en-train que je connaisse !

MICHEL.

Voulez-vous vous taire !

LEGRAND.

Il adore le sexe en général... et les comtesses en particulier.

MADAME LEFEBVRE, *à part.*

L'infâme !

MICHEL, *éclatant.*

Finissons-en, sac-à-papier, finissons-en, Monsieur (2), et, puisque vous êtes venu pour vous battre avec le maître de la maison... avec M. Lefebvre, le mari de Madame... eh ! bien ! qu'il paraisse !.. j'y suis décidé, maintenant... qu'il paraisse ! je vous servirai de témoin !

LEGRAND.

Comme ça se trouve... justement le voilà !

SCÈNE IX.

LEGRAND, MICHEL, DIDIER, MADAME LEFEBVRE.

MICHEL et DIDIER, *se reconnaissant.*

Oh !..

MICHEL, *à Legrand, bas.*

Le jeune homme à la crémaillère !

(1) Leg. M. J. Madame L.

(1) M. Leg. Madame L.
(2) Leg. M Madame L.

MADAME LEFEBVRE, *bas à Didier.*

N'oubliez pas que vous êtes mon mari !

DIDIER, *bas.*

Convenu !.. (*Haut.*) Sois tranquille, chère épouse.

MICHEL.

Monsieur... cette femme est la mienne !

DIDIER.

Ma femme, votre femme !.. pas possible !.. ce cher Léonce !.. non content d'enlever des comtesses, il veut encore enlever ma femme !

LEGRAND, *à Lefebvre*

Des comtesses, là, vous voyez... identité de fait.

MICHEL, *à Didier.*

Assez, Monsieur ! assez !.. mille millions de pistolets ! la patience m'échappe !.. (*Bas à Legrand.*) Otez-moi tout ce que j'ai sous la main... je sens que je vais commettre un crime !.. (*Haut à Didier.*) Monsieur, je vous déclare que votre conduite est du plus mauvais goût, et que je ne suis pas d'humeur à la supporter. Voulez-vous me rendre ma femme, oui ou non ?

MADAME LEFEBVRE, *riant.*

Ah ! ah ! ah !.. je le trouve extrêmement comique !

LEGRAND, *riant.*

C'est aussi mon avis... ah ! ah ! ah !.. vous êtes très comique, mon cher !

MICHEL, *à Legrand.*

Monsieur ! voulez-vous me laisser tranquille, oui, ou non !.. C'est à dire qu'il y aurait de quoi exaspérer un saint ! . et saint Patient, lui-même, sortirait des gonds !..

LEGRAND.

S'il n'était retenu par saint Cloud... ah !.. le mot est piquant !.. le goûtez-vous?

MICHEL.

Nullement ! et comme vous m'avez autorisé à vous prévenir quand ce genre de plaisanterie me fatiguerait... je vous préviens, il me fatigue.

LEGRAND.

Allons, bon ! c'est sur moi que sa colère retombe !

MICHEL.

C'est, qu'en effet, vous voyez que je suis victime d'un complot infâme, infernal !.. qu'on me conteste mes droits civiques et maritaux, que je suis réduit à l'état de Paria... et vous choisissez ce moment pour faire de l'esprit à mes dépens... c'est bête, et voilà tout !.. (*à Didier.*) Monsieur !..

DIDIER.

Pardon, monsieur Léonce de Latour... je vois qu'il n'y a pas moyen de vous faire entendre raison... je crois avoir deviné le motif qui vous fait agir de la sorte !.. mais je ne puis m'y prêter plus longtemps... ainsi, laissez-moi tranquille (1). (*A Legrand.*) Quant à vous... nous nous couperons la gorge plus tard... (*à part*). Beaucoup plus tard.

(1) M. Leg. D. Mad. L.

LEGRAND.

Eh ! bien ! soit !.. car, avant, il faut (*montrant Michel*), que Monsieur m'explique...

DIDIER.

C'est ça !.. expliquez-vous tous deux... (*à part*). Ce sera drôle !.. (*haut à madame Lefebvre*). Viens, Niniche ! (*il lui baise la main et lui donne le bras*).

MICHEL.

Il l'appelle Niniche !.. et il lui baise la main !

LEGRAND.

Parbleu ! il va peut-être vous en demander la permission ! . (*Il rit.*) (1).

MICHEL.

Madame !.. je vous...

MADAME LEFEBVRE, *qui a fait quelques pas pour sortir.*

Vous, mon gros Monsieur, n'oubliez pas que, ce soir, je donne un bal chez moi, et que j'ai intimé l'ordre à mes gens, de n'y point laisser pénétrer de caricature ! (*Elle sort en riant, par le fond, avec Didier.*)

SCÈNE X.

LEGRAND, MICHEL.

MICHEL.

Caricature !.. me traiter ainsi !.. dans ma propre maison !.. j'étouffe.

LEGRAND.

Il y a de quoi !

MICHEL.

Mais, ça ne se passera pas ainsi !.. et je prouverai !..

LEGRAND.

Ça sera difficile, Léonce.. les apparences ne sont pas pour vous !

MICHEL, *cherchant autour de lui, et trouvant une boîte sur un petit guéridon à droite.*

Pas pour moi ?.. Tenez... ceci est ma tabatière... quand je suis chez moi, j'y puise tous les jours... (*Il prise*). Voyez plutôt.

LEGRAND.

Ça n'est pas une preuve... le nez de ce Monsieur peut également y puiser sa nourriture.

MICHEL.

Cette table, cette statue, ces meubles... tout cela est à moi... Ah ! tenez, ouvrez cette armoire... vous y trouverez ma robe de chambre et mon bonnet de nuit.

LEGRAND, *ouvrant l'armoire qui est à gauche, 1er plan.*

Voilà bien la robe de... et le casque à mèche demandé. Au fait, je commence à être ébranlé.. Cependant, ça n'est pas encore une preuve... vous pourriez être somnambule et voir à travers les murailles.

(1) Leg. M. Mad. L. D.

MICHEL, *allant à l'armoire et y prenant un portrait* (1).

C'en est trop!.. qu'est-ce que c'est que ça?

LEGRAND.

Ça?.. c'est le portrait d'un homme fort laid!

MICHEL.

C'est le mien?

LEGRAND.

Dieu! que vous êtes flatté, mon cher!.. je ne vous reconnaissais pas.

MICHEL.

Vous n'êtes pas encore convaincu?

LEGRAND.

Non, sacrebleu! il me faut une victime, il me faut du sang!.. et à moins de preuves irrécusables...

MICHEL.

Oh! une idée fulminante!.. (*A voix basse*). Je vais avoir avec mon épouse, ici, seul à seul, face à face, un entretien, dont vous ne perdrez pas un mot... Cachez-vous... dans cette armoire. (*Il lui montre l'armoire à gauche*).

LEGRAND.

Je comprends la situation...(2). (*Déclamant*).

« Caché près de ces lieux, je vous verrai, madame. »

(*Il entre dans l'armoire, Michel pousse la porte, mais elle est repoussée par Legrand, qui en sort tout ébouriffé et respirant à peine*).

LEGRAND.

Merci!.. je crains l'asphyxie!..

MICHEL.

Vous n'aimez pas l'asphyxie?

LEGRAND.

Peu!

MICHEL.

Alors, autre chose. (*Lui montrant un petit buffet au fond*). Dans ce buffet.

LEGRAND.

Je ne pourrais pas tenir là-dedans.

MICHEL.

Ah!.. j'ai votre affaire! (*Il enlève la statue qui est sur le poèle, et la porte avec difficulté en dehors de la porte de gauche*).

LEGRAND.

Que faites-vous donc..: et où mettez-vous ça?

MICHEL.

Sur l'escalier. (*Revenant*). Vous allez vous mettre à la place du dieu Pan... en imitant sa pose immobile, et ayant l'air de jouer de la flûte à Pan.

LEGRAND.

Eh bien! ça me va... sapristi! ça me va!... j'aime les idées originales... et celle là me gante... De cette manière, il faudra bien que je sache à quoi m'en tenir... Drapez-moi, hein?.. nous allons rire.

(1) M. L.
(2) L. M.

MICHEL, *apportant une nappe.*

Justement voici une nappe qui fera parfaitement votre affaire... (*Il le drape, puis il prend dans la coulisse une boîte à farine, et lui en lance deux ou trois poignées, en lui disant*) : Fermez les yeux... pour la vraisemblance. (*Ensuite Legrand monte sur le poèle*).

LEGRAND, *imitant la pose de la statue.* (1).

Est-ce bien ça?

MICHEL.

Parfait!.. la tête un peu plus penchée du côté droit... les bras un peu plus élevés...

LEGRAND.

Ah! et mes pipeaux?... vous oubliez mes pipeaux.

MICHEL, *lui donne le chalumeau de la statue.*

Eh! vite! la dance est finie, j'entends ma femme, écoutez et ne bronchez pas!

SCÈNE XI.

MICHEL, LEGRAND *sur le poèle*, MADAME LEFEBVRE.

MADAME LEFEBVRE, *au fond, à la cantonade.*

Merci, Monsieur... (*Se retournant et voyant son mari*). Comment! encore ici!.. (*Elle descend la scène*).

MICHEL.

Oui, Madame... vous arrivez fort à propos... j'ai droit à une explication... je la réclame à l'instant même!

MADAME LEFEBVRE.

Je vous l'ai déjà dit... je ne vous connais pas.

MICHEL.

Je vous forcerai bien à me reconnaître... mais avant d'employer les moyens coërcitifs, je viens vous offrir l'aman... ce qui veut dire en langue arabe, le traité de paix... j'espère que vous apprécierez la délicatesse de ma conduite.

MADAME LEFEBVRE.

Je vous conseille d'en parler de votre conduite! Apprenez qu'une âme charitable m'a ouvert les yeux... je sais tout, monsieur... je vous ai pardonné bien des fois... mais celle-ci, c'est trop fort!.. après votre aventure de la rue de Navarin... Vous comprenez que tout est fini entre nous.

MICHEL, *regardant Legrand d'un air furieux.*

Quel est le misérable qui a tenu de pareils propos sur mon compte? (*Legrand lui fait des protestations par gestes.*

MADAME LEFEBVRE, *se retournant.*

Eh! bien, Monsieur! (*Legrand, voyant ce mouvement, reprend sa position, et en rapprochant le chalumeau de ses lèvres, il en fait*

(1).

sortir une courte fusée de sons). D'où vient ce bruit?

MICHEL, *embarrassé.*

Ne faites pas attention... c'est moi qui soupirais.

MADAME LEFEBVRE.

Vous soupirez... il y a de quoi!... quand je pense qu'un homme d'âge s'est dégradé au point d'aller au Château-Rouge, se livrer aux horreurs d'une danse... que la pudeur m'empêche de qualifier.

MICHEL, *se retournant vers Legrand.*

Où est l'infâme qui a inventé de pareilles calomnies! (*Nouvelles protestations de Legrand; Michel lui jette sa casquette, qui reste à portée de Legrand*).

MADAME LEFEBVRE, *se retournant.*

Qu'avez-vous donc!... (*même jeu que la première fois.*)

MICHEL.

Rien, madame... j'ai la respiration gênée!

MADAME LEFEBVRE.

Vous devriez rougir!

MICHEL.

Rougir!.. c'était la vraie polka des salons!.. mais, à votre tour, madame, me direz-vous quel est cet homme, qui, au mépris des lois... au mépris des mœurs, a pris ici ma place.

MADAME LEFEBVRE.

C'était... un cœur généreux, qui, pour conserver un mari à sa femme, un père à sa fille, a pris le nom de Lefebvre pour en imposer à votre ami, qui voulait vous tuer!

MICHEL.

Il serait vrai!... et moi qui avait supposé!... Aglaé, pardonne-moi. . le repentir... les émotions de cette journée... la crainte de te perdre... ah! mes jambes fléchissent!

MADAME LEFEBVRE, *approchant une chaise et l'aidant à s'y asseoir.*

Eh bien! il se trouve mal!... monsieur, revenez à vous!... (*allant au fond et appelant*) Jeannette! Henriette! quelqu'un!

LEGRAND, *à Lefebvre.*

Léonce! pas de bêtise! (*Il lui jette la casquette.*)

SCÈNE XII.

HENRIETTE, MICHEL, JEANNETTE, MADAME LEFEBVRE, LEGRAND, SUR LE POELE.

ENSEMBLE.

Air *de la Couronne de fleurs.* (*Quadrille de Bolhmann.*)

Que le bal s'arrête!...
Quel événement
Vient troubler la fête
Au plus beau moment!

MADAME LEFEBVRE.

Il a les mains glacées... Jeannette, rallumez donc le poêle (*Jeannette court prendre du bois et un soufflet et s'accroupit devant le poêle*).

LEGRAND.

Sapristi! quelle idée funeste!

HENRIETTE.

Eh bien! ça va-t-il mieux, papa?... mais d'où vous vient cette indisposition?

LEFEBVRE.

La fatigue, mon enfant... mais, toi, à ton tour, qu'as-tu donc? tu as l'air tout bouleversé.

HENRIETTE.

Moi, je n'ai rien, papa...

MICHEL.

Tu nous caches quelque chose, bien sûr?

HENRIETTE, *tristement.*

Eh bien! c'est M. Ernest qui m'a dit...

LEGRAND, *piétinant, pendant que Jeannette souffle le feu.*

Fichtre! voilà que ça chauffe!

HENRIETTE.

Que si j'épousais ce provincial que vous me destinez, il en mourrait!

MICHEL, *à sa femme.*

Tu voulais marier notre Henriette!

MADAME LEFEBVRE.

Je vous expliquerai ça! (*elle s'éloigne.*)

HENRIETTE, *bas à son père.*

Mais que si je vous montrais cette lettre... (*elle la lui montre*) ça empêcherait ce vilain mariage.

LEGRAND, *piétinant.*

Aie! ça m'atteint l'épiderme!

MICHEL.

Une lettre de qui!... pour qui?... donne vite!... (*il lit*) « Monsieur Ernest, j'apprends « que vous aimez une jeune personne fort « jolie...

HENRIETTE.

On veut parler de moi, mon papa.

MICHEL, *lisant.*

« Et qu'on est sur le point de la marier à « un monstre...

LEGRAND, *à part.*

Il me vient un horrible soupçon!

MICHEL, *lisant.*

« Un nommé Alexandre Legrand, dont j'ai « reçu la foi... autrefois... » (*A part en la regardant.*) Alexandre Legrand!...

LEGRAND, *à part.*

Il s'agit de moi!

MICHEL, *lisant.*

« Je vous écris la présente à seule fin que « vous préveniez la famille qu'elle a affaire à « un Lovelace, à un don Juan...

LEGRAND, *piétinant toujours.*

Je cuis! je rôtis!

MICHEL, *lisant.*

« Et que s'il en épousait une autre que moi, « j'irais à Paris, lui arracher les yeux, avec ses

« deux rejetons Lolo et Bichette. Signé : Félicité Perruchard, couturière à Clermont, « rue de la Limagne, 23, Puy-de-Dôme. Affranchir. »

LEGRAND, *à part.*

C'est de Félicité !

MADAME LEFEBVRE.

On m'aurait trompée à ce point !

TOUS.

Père de deux enfants !

LEGRAND, *haut.*

Ah ! ma foi, tant pis ! (*criant*) Je grille !... je fume !... je m'incendie !... Alexandre Legrand, c'est moi !..... au secours ! au feu ! (*Il saute à bas du poêle. Aux premiers mots de Legrand, on se retourne de son côté, Jeannette recule effrayée*) (1).

SCENE XIII.

LES MÊMES, DIDIER, ERNEST, COQUEREL, BENARD, INVITÉS.

CHŒUR.

Air : *de la Péri* (*Muzard.*)

Dieu ! quelle surprise !
Et quelle méprise !
C'était lui !
Le futur était ici !

MICHEL, *à Legrand.*

Comment, Monsieur, après une pareille conduite, vous osez...

LEGRAND.

Merci de cet accueil cordial... mon oncle m'y avait préparé... quant à la petite Sévigné qui vous a tracé cette épître amoureuse, j'espère que vous ne me ferez pas l'injure de croire... allons, tout est éclairci... je propose une amnistie générale... embrassons-nous. (*Il va pour embrasser madame Lefebvre.*)

MADAME LEFEBVRE, *le repoussant.*

Jamais, monsieur, jamais !..

LEGRAND.

Merci de cet accord cordial... mon oncle m'y avait préparé... (*A Michel.*) Mais puisqu'enfin vous me repoussez...

MICHEL.

Oui, monsieur, je vous repousse, et ma fille épousera monsieur Ernest (2).

LEGRAND.

Eh bien ! soit ! j'y consens.

(1) J. H. Mad. L. Leg. M. D. E. C. B.
(2) J. M. Mad. L. Leg. D. E. C. B.

HENRIETTE.

Ah ! maman !...

ERNEST *à Michel.*

Ah ! monsieur !

MICHEL.

Ah !... me voilà donc grand-père !... je suis ému... touché... je demande la permission de verser une larme...

ERNEST.

Que ne te dois-je pas, mon cher Didier !

LEGRAND.

Didier !... vous vous nommez Didier ?

DIDIER.

Félix-Anasthase... sculpteur en statuettes.

LEGRAND, *bas à Michel.*

L'homme à la lettre de change de mon oncle !... (*A part.*) Attends ! attends !... (*Haut.*) Monsieur, je serai enchanté de cimenter votre connaissance... je vous invite à déjeûner pour demain..

DIDIER.

Accepté. Où demeurez-vous ?

LEGRAND.

Rue Thibotaudé, 12.

MICHEL, *bas à Legrand.*

Comment ! rue Thibotaudé ?

LEGRAND, *bas à Michel.*

Taisez-vous donc !... c'est l'adresse d'un garde du commerce nommé comme moi, Legrand, auquel je vais repasser le dossier de mon oncle.

MICHEL, *bas.*

Et, demain, rue de Clichy... je saisis !.. c'est la meilleure de toutes ! .. mais où diable avez-vous déterré ce nom-là ?

LEGRAND.

Dans l'Amanach des 25,000 adresses.

CHŒUR. FINAL.

Air : *de la Couronne de fleurs.*

Entrez en ménage,
Jeunes amoureux,
Le sort vous ménage,
Des jours plus heureux !

(*L'orchestre donne l'accord du couplet au public, Legrand s'avance.*)

LEGRAND, *au public.*

Messieurs, toute reproduction, même partielle, d'un ouvrage littéraire, étant interdite par la société des gens de lettres, et poursuivie comme contrefaçon devant les tribunaux... les auteurs de la pièce que nous avons eu l'honneur de représenter devant vous éprouvent en ce moment d'horribles angoisses !...

MICHEL, *de même.*

Oui, messieurs... ils sont peut-être à la veille de se voir condamner à trois cent cinquante mille francs de dommages et intérêts.... car, par malheur, tout ne leur appartient pas dans cette œuvre.

Air : *d'Yelva.*

De l'almanach des 25,000 adresses
Ils ont tiré l'intrigue et le sujet.
Dans cet ouvrage, ainsi, piller les pièces,
N'est-ce pas un vol que l'on fait ?

LEGRAND.

Là est toute la question.

Absolvez-nous, ô vous, rois de la presse,
Par vos arrêts n'allez pas, en ce jour,
Quand nous avons mis l'almanach en pièce,
Nous mettre en pièce à notre tour.

CHOEUR, *reprise.*

Entrez en ménage, etc.

FIN DE L'ALMANACH DES 25,000 ADRESSES.

Imprimerie hydraulique de GIROUX et VIALAT, à Saint-Denis-du-Port, près Lagny.

EN VENTE CHEZ LE MÊME ÉDITEUR.

La Marquise de Senneterre. 1 »
L'Aïeule. 60
Un Monstre de femme. 40
Endymion. 40
Charles-Quint, opéra-com. 60
Le vicomte de Létorières. 60
Les Fées de Paris. 50
Pour mon fils. 50
Lucienne. 50
Les jolies Filles de Stilberg. 40
L'Enfant de chœur. 50
Le Grand-Palatin. 60
La Tante mal gardée. 40
Les Circonstances. 40
La Chasse aux vautours. 40
Les Batignollaises. 40
Une Femme sous les scellés. 30
Les Aides-de-camp. 50
Carabins et Carabines. 50
Le Mari à l'essai. 40
Chez un Garçon. 40
Jakel's-Club. 40
Mérovée. 50
Les deux Couronnes. 60
Au Croissant d'argent. 50
Le Château de la Roche-Noire 40
Mon illustre Ami. 40
Le premier Chapitre. 50
Francine la gantière. 50
Talma en congé. 40
L'Omelette fantastique. 50
La Dragonne. 50
La Sœur de la Reine. 60
La Vendetta. 50
Le Poète. 50
Les Informations conjugales. 50
Une Maitresse anonyme. 50
Le Loup dans la bergerie. 50
L'Hôtel de Rambouillet. 60
Les Deux Impératrices. 60
La Caisse d'Epargne. 60
Thomas le Rageur. 50
Derrière l'Alcove. 30
La Villa Duflot. 50
Péroline. 50
Une Femme à la Mode. 40
Les Egarements d'une Canne et d'un parapluie. 40
Les Deux Anes. 50
Foliquet, coiffeur des dames. 50

L'Anneau d'Argent. 40
Recette contre l'Embonpoint. 50
Don Pasquale. 40
Mademoiselle Déjazet au sérail. 40
Touboulic le Cruel. 40
Hermance. 60
Canuts. 50
Entre Ciel et Terre. 40
L'homme de Paille. 40
La Fille de Figaro. 60
Métier et Quenouille. 50
Angélique et Médor. 50
Loïsa. 60
Jocrisse en Famille. 40
L'autre Part du Diable. 40
La chasse aux Belles Filles. 60
La Salle d'Armes. 40
Une Femme compromise. 60
Patineau. 50
Madame Roland. 60
L'esclave du Camoëns. 50
Les Réparations. 50
Le mariage du gamin de Paris. 50
La Veille du Mariage. 40
Paris bloqué. 60
Ménage Parisien. 1 »
La Bonbonnière. 50
Adrien. 50
Les deux Paires de Bretelles. 50
Le Major Cravachon. 40
Pierre le millionnaire. 60
Carlo et Carlin. 60
Le Moyen le plus sûr. 50
Le Papillon Jaune et Bleu. 50
La Polka en province. 50
Une Séparation. 40
La peau du Lion. 60
Le roi Dagobert. 60
Frère Galfâtre. 60
Nicaise à Paris. 40
Le Client. 50
Le Troubadour-Omnibus. 50
Un Mystère. 60
Le Billet de faire part. 60
Fiorina. 60
Pulcinella. 60
Les Marocaines. 50
La Sainte-Cécile. 60
Follette. 50
Deux Filles à marier. 50

Monseigneur. 60
A la Belle Étoile. 30
Deux Papas très bien. 50
Un Ange tutélaire. 50
Wallace. 60
Un jour de Liberté. 60
L'Ecolier d'Oxfort. 40
L'Oiseau du Bocage. 40
Paris à tous les Diables. 60
Une Averse. 50
Madame de Cérigny. 60
Le Fiacre et le Parapluie. 40
La Morale en action. 50
L'Habeas Corpus. 50
Le Prince Toutou. 40
Mimi Pinson. 50
L'Article 170. 60
Le Tuteur de vingt ans. 60
Les Deux Pierrots. 50
Les Viveurs. 60
Le Poisson d'avril. 50
Le Seigneur des Broussailles. 50
Constant-la-Girouette. 40
Les deux Tambours. 50
L'Amour dans tous les quartiers. 60
Madame Bugolin. 50
Le Petit-Poucet. 60
Camoëns. 60
L'escadron volant de la reine. 50
Le Lansquenet et les chemins de fer. 50
Une Voix. 50
Agnès Bernau. 60
Monsieur et Madame Denis. 50
Porthos. 50
La Pêche aux Beaux-Pères. 60
La Révolte des Marmouzets. 40
Le troisième Mari. 50
Un premier souper de Louis XV 50
L'Homme et la Mode. 60
Une Confidence. 60
Le Ménétrier. 60

En vente, chez le même Editeur :

ŒUVRES COMPLÈTES DE M. EUGÈNE SCRIBE,

5 vol. grand in-8 à colonnes, édition Furne,

avec 180 jolies vignettes en taille-douce, de MM. Alfred et Tony Joannot
Gavarni, etc. — Prix : 60 fr. net : 30 fr.

IMPRIMERIE HYDRAULIQUE DE GIROUX ET VIALAT, Saint-Denis-du-Port, près Lagny.

www.ingramcontent.com/pod-product-compliance
Lightning Source LLC
LaVergne TN
LVHW010259230826
846091LV00007B/3065

* 9 7 8 2 0 1 3 7 0 2 8 7 4 *